AF205723

Impressum
Verlag: BABADADA GmbH, Nedderfeld 112 , 22529 Hamburg
Geschäftsführer / Verlagsleitung: Harald Hof
Druck: Books on Demand GmbH, In de Tarpen 42, 22848 Norderstedt

Imprint
Publisher: BABADADA GmbH, Nedderfeld 112 , 22529 Hamburg, Germany
Managing Director / Publishing direction: Harald Hof
Print: Books on Demand GmbH, In de Tarpen 42, 22848 Norderstedt

skola
colegio

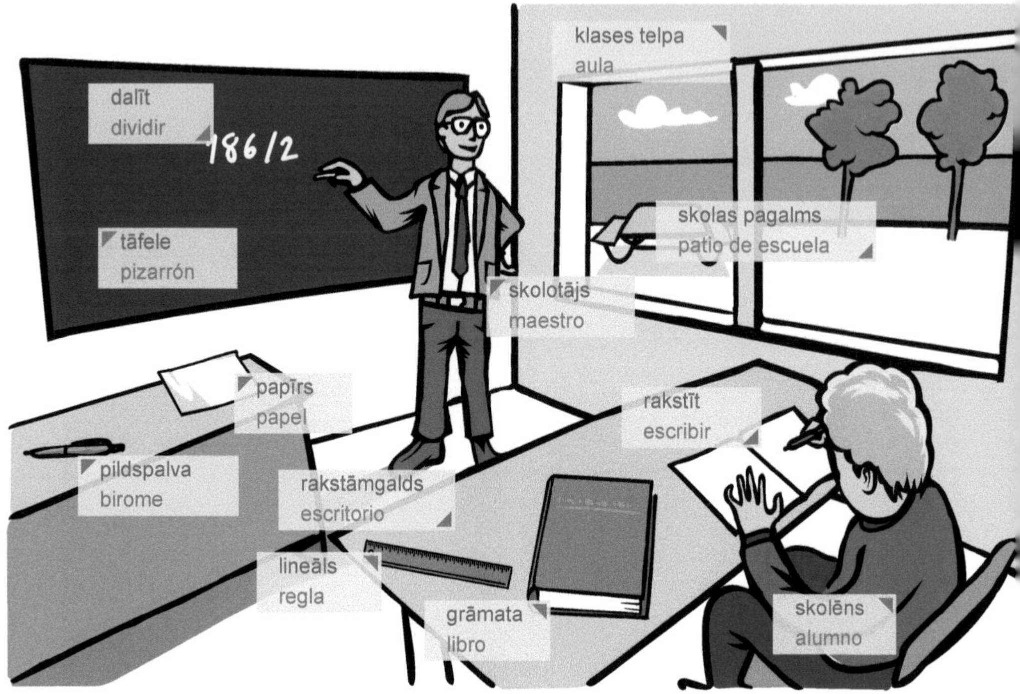
klases telpa
aula
dalīt
dividir
186/2
tāfele
pizarrón
skolas pagalms
patio de escuela
skolotājs
maestro
papīrs
papel
rakstīt
escribir
pildspalva
birome
rakstāmgalds
escritorio
lineāls
regla
grāmata
libro
skolēns
alumno

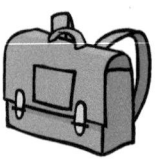

skolas soma
mochila

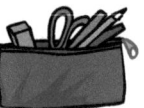

penālis
caja de lápices

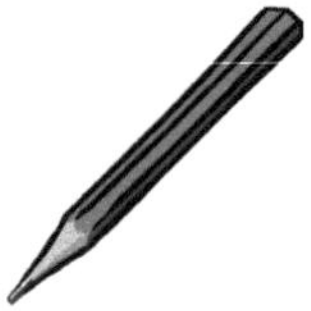

zīmulis
lápiz

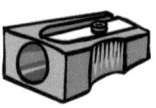

zīmuļu asināmais
sacapuntas

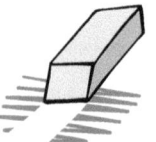

dzēšgumija
goma (de borrar)

zīmēšanas bloks
bloc de dibujo

zīmējums
dibujo

ota
pincel

krāsas
caja de pinturas

šķēres
tijera

līme
pegamento

darba burtnīca
cuaderno de ejercicios

mājas darbs
tarea

skaitlis
número

2+2

saskaitīt
sumar

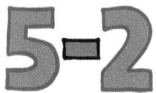

atņemt
restar

reizināt
multiplicar

rēķināt
calcular

burts
letra

ABCDEFG
HIJKLMN
OPQRSTU
VWXYZ

alfabēts
abecedario

vārds
palabra

teksts

texto

lasīt

leer

krīts

tiza

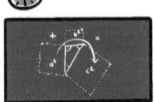

mācību stunda

lección

žurnāls

cuaderno de clase

eksāmens

examen

liecība

certificado

skolas forma

uniforme escolar

izglītība

educación

enciklopēdija

enciclopedia

universitāte

universidad

mikroskops

microscopio

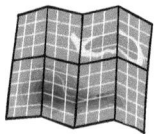

karte

mapa

papīrgrozs

tacho (de basura)

viesnīca
hotel

Grand

hostelis
hostel

ROOMS

valūtas maiņas punkts
casa de cambio

EXCHANGE

čemodāns
valija

automašīna
auto

Valoda

idioma

jā / nē

sí / no

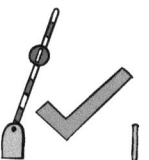

Okay

Está bien

Sveiki!

hola

tulks

traductor

paldies

Gracias

Cik maksā...?

¿cuánto cuesta...?

Es nesaprotu

No entiendo

problēma

problema

Labvakar!

¡Buenas tardes!

Labrīt!

¡Buenos días!

Ar labu nakti!

¡Buenas noches!

Uz redzēšanos

adiós

virziens

dirección

bagāža

equipaje

soma

bolso

mugursoma

mochila

viesis

invitado

istaba

habitación

guļammaiss

bolsa de dormir

telts

carpa

tūrisma informācija

información turística

pludmale

playa

kredītkarte

tarjeta de crédito

brokastis

desayuno

pusdienas

almuerzo

vakariņas

cena

biļete

pasaje

lifts

ascensor

pastmarka

sello

robeža

frontera

muita

aduana

vēstniecība

embajada

vīza

visa

pase

pasaporte

transports

transporte

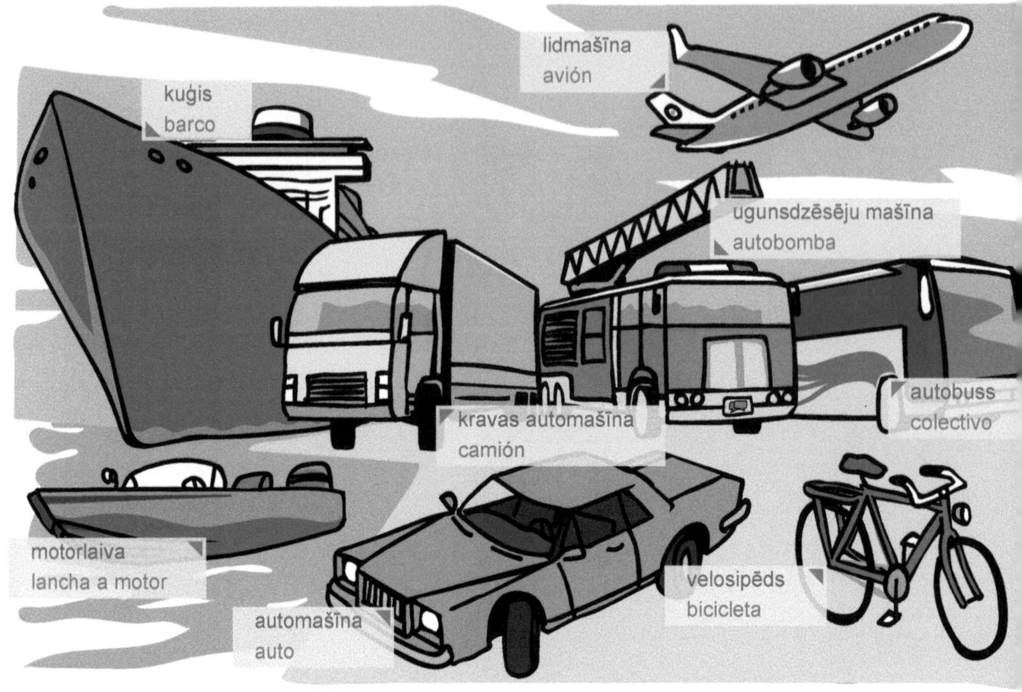
lidmašīna
avión
kuģis
barco
ugunsdzēsēju mašīna
autobomba
autobuss
colectivo
kravas automašīna
camión
motorlaiva
lancha a motor
velosipēds
bicicleta
automašīna
auto

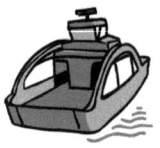

prāmis

ferry

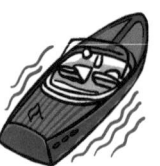

laiva

bote

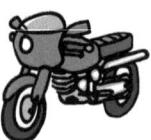

motocikls

moto

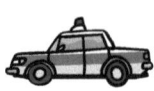

policijas automašīna

patrullero

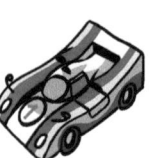

sacīkšu automobilis

auto de carreras

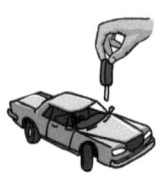

nomas auto

auto de alquiler

auto koplietošana

alquiler de autos

evakuators

grúa

atkritumu mašīna

camión de basura

dzinējs

motor

benzīns

nafta

degvielas uzpildes stacija

estación de servicio

ceļa zīme

señal de tránsito

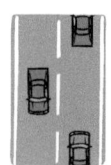

satiksme

tránsito

sastrēgums

embotellamiento

stāvvieta

estacionamiento

dzelzceļa stacija

estación de tren

sliedes

vías

vilciens

tren

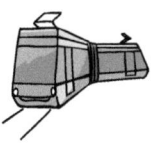

tramvajs

tranvía

vagons

vagón

helikopters

helicóptero

lidosta

aeropuerto

tornis

torre

pasažieris

pasajero

konteiners

contenedor

kaste

caja de cartón

ratiņi

carretilla

grozs

canasta

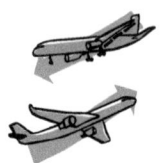

pacelties / nosēsties

despegar / aterrizar

pilsēta
ciudad

ciems

pueblo

pilsētas centrs

centro de ciudad

māja

casa

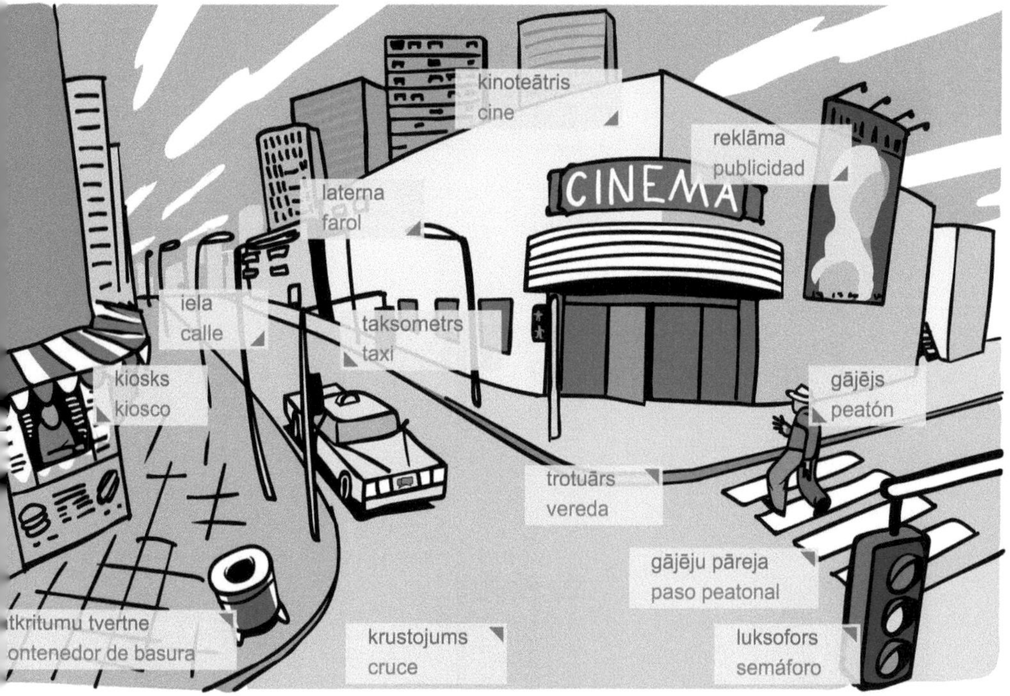
kinoteātris
cine
CINEMA
reklāma
publicidad
laterna
farol
iela
calle
taksometrs
taxi
kiosks
kiosco
gājējs
peatón
trotuārs
vereda
gājēju pāreja
paso peatonal
tkritumu tvertne
ontenedor de basura
krustojums
cruce
luksofors
semáforo

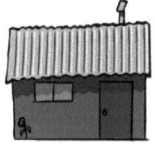

būda

cabaña

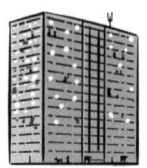

dzīvoklis

departamento

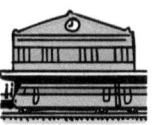

dzelzceļa stacija

estación de tren

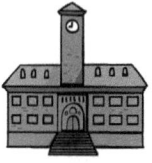

rātsnams

municipalidad

MUSEUM

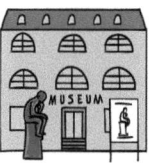

muzejs

museo

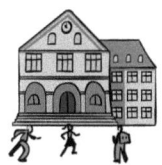

skola

colegio

universitāte

universidad

banka

banco

slimnīca

hospital

viesnīca

hotel

aptieka

farmacia

birojs

oficina

grāmatnīca

librería

veikals

negocio

ziedu veikals

florería

lielveikals

supermercado

tirgus

mercado

tirdzniecības centrs

grandes tiendas

zivju tirgotājs

pescadería

tirdzniecības centrs

centro comercial

osta

puerto

parks
parque

sols
banco

tilts
puente

kāpnes
escaleras

metro
subte

tunelis
túnel

autobusa pieturvieta
parada del colectivo

bārs
bar

restorāns
restaurante

pastkastīte
buzón

ielas nosaukuma plāksne
letrero

stāvlaika skaitītājs
parquímetro

zooloģiskais dārzs
zoológico

peldbaseins
pileta

mošeja
mezquita

zemnieku saimniecība
granja

vides piesārņojums
contaminación

kapsēta
cementerio

baznīca
iglesia

spēļu laukums
juegos infantiles

templis
templo

ainava
paisaje

lapa
hoja

ceļrādis
poste indicador

ceļš
camino

pļava
pradera

akmens
piedra

ceļotājs
excursionista

koks
árbol

upe
río

zāle
hierba

puķe
flor

ieleja
valle

kalns
montaña

ezers
lago

mežs
bosque

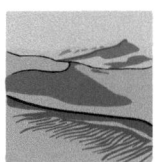

tuksnesis
desierto

vulkāns
volcán

pils
castillo

varavīksne
arco iris

sēne
champiñón

palma
palmera

moskīts
mosquito

muša
mosca

skudra
hormiga

bite
abeja

zirneklis
araña

vabole

escarabajo

varde

rana

vāvere

ardilla

ezis

erizo

zaķis

liebre

pūce

lechuza

putns

pájaro

gulbis

cisne

meža cūka

jabalí

briedis

ciervo

alnis

alce

aizsprosts

presa

vēja ģenerators

aerogenerador

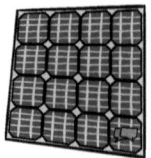

saules baterija

panel solar

klimats

clima

restorāns
restaurante

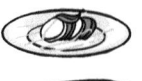

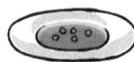

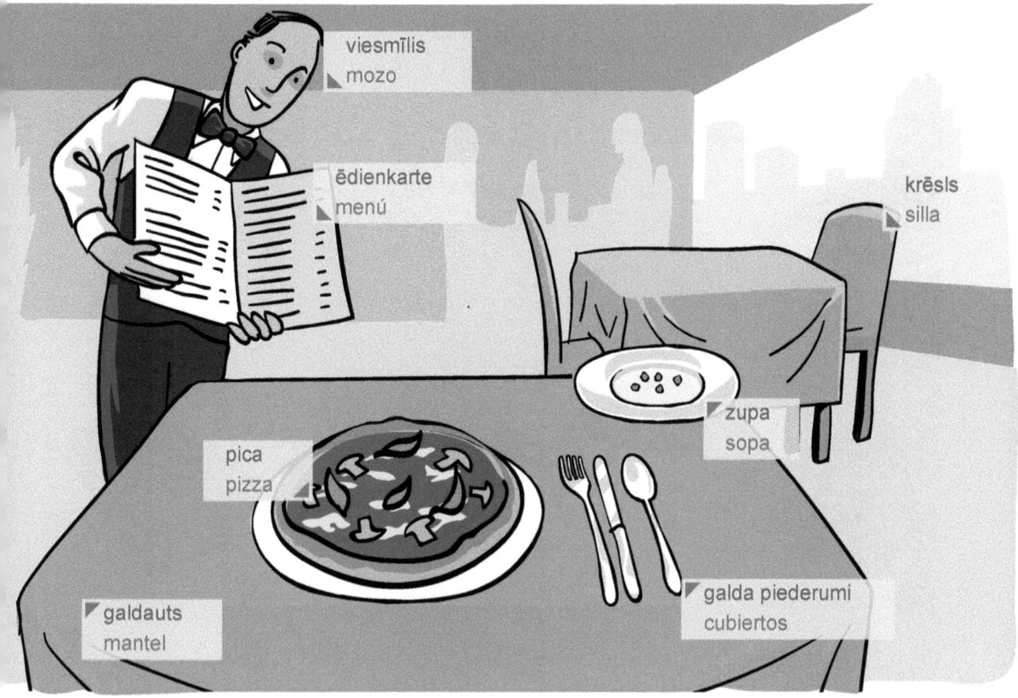
viesmīlis
mozo
ēdienkarte
menú
krēsls
silla
zupa
sopa
pica
pizza
galdauts
mantel
galda piederumi
cubiertos

uzkoda

entrada

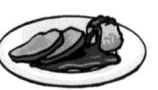

pamatēdiens

plato principal

deserts

postre

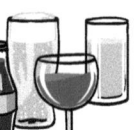

dzērieni

bebidas

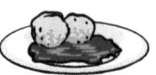

ēdiens

comida

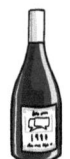

pudele

botella

ātrās uzkodas

comida rápida

ielu uzkodas

comida callejera

tējkanna

tetera

cukurtrauks

azucarera

porcija

porción

espresso kafijas automāts

cafetera expreso

bāra krēsls

sillita alta

rēķins

cuenta

paplāte

bandeja

nazis

cuchillo

dakša

tenedor

karote

cuchara

tējkarote

cucharita

salvete

servilleta

glāze

vaso

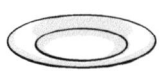

šķīvis
....
plato

zupas šķīvis
....
plato hondo

apakštase
....
plato

mērce
....
salsa

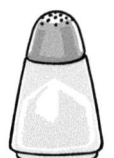

sāls trauciņš
....
salero

piparu dzirnaviņas
....
molinillo de pimienta

etiķis
....
vinagre

eļļa
....
aceite

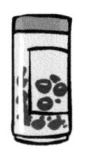 

garšvielas
....
especias

kečups
....
kétchup

sinepes
....
mostaza

majonēze
....
mayonesa

lielveikals

supermercado

piedāvājums
oferta especial
FOR
klients
cliente
piena produkti
lácteos
augļi
fruta
iepirkumu ratiņi
changuito

BUTCHERS

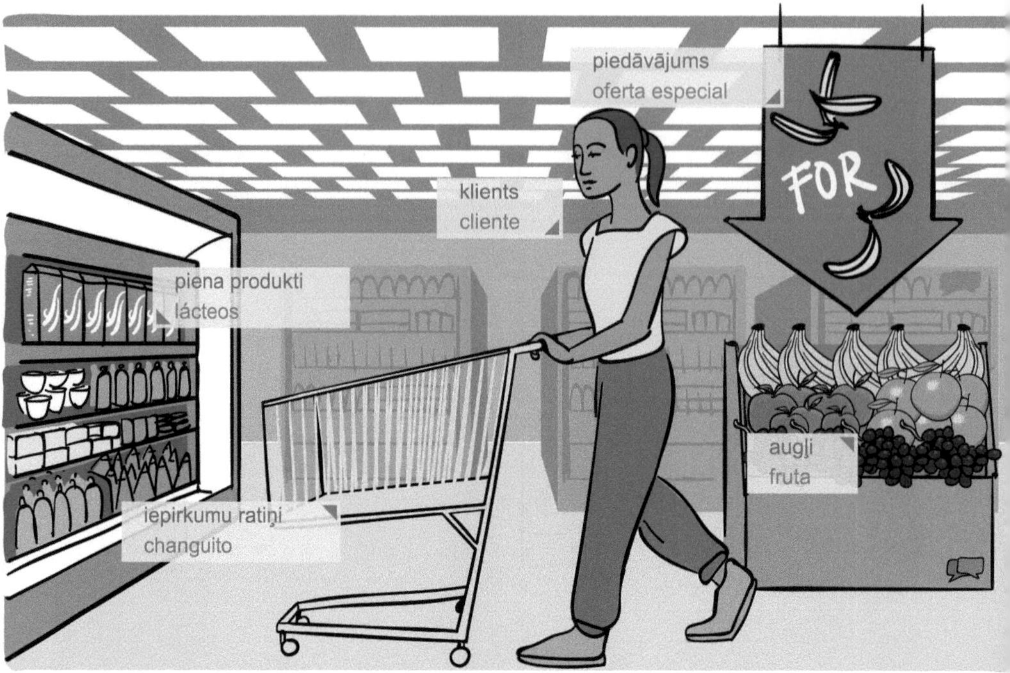

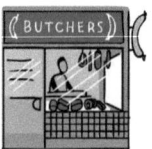

kautuve

carnicería

BAKERY

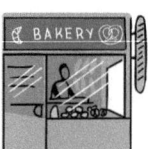

maizes veikals

panadería

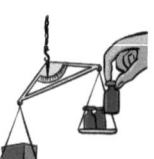

svērt

pesar

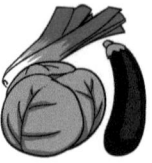

dārzeņi

verduras

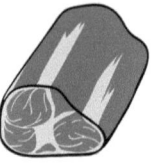

gaļa

carne

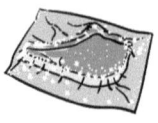

saldēti produkti

alimentos congelados

aukstās gaļas uzkodas

fiambres

konservi

alimentos enlatados

pulveris

detergente en polvo

saldumi

golosinas

mājsaimniecības preces

electrodomésticos

tīrīšanas līdzeklis

productos de limpieza

pārdevēja

vendedora

kase

caja

kasieris

cajero

iepirkumu saraksts

lista de compras

darba laiks

horario de atención

maks

billetera

kredītkarte

tarjeta de crédito

soma

cartera

maisiņš

bolsa de plástico

ūdens

agua

sula

jugo

piens

leche

kola

bebida cola

vīns

vino

alus

cerveza

alkohols

alcohol

kakao

cacao

tēja

té

kafija

café

espresso

café expreso

kapučīno

cappuccino

banāns

banana

ābols

manzana

apelsīns

naranja

melone

melón

citrons

limón

burkāns

zanahoria

ķiploks

ajo

bambuss

bambú

sīpols

cebolla

sēne

champiñón

rieksti

nueces

makaroni

fideos

spageti

tallarines

rīsi

arroz

salāti

ensalada

frī kartupeļi

papas fritas

cepti kartupeļi

papas fritas

pica

pizza

hamburgers

hamburguesa

sviestmaize

sándwich

šnicele

churrasco

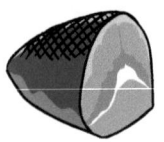

šķiņķis

jamón

salami

salame

desa

salchicha

vista

pollo

cepetis

asado

zivs

pescado

auzu pārslas

copos de avena

muslis

muesli

brokastu pārslas

copos de maíz

milti

harina

radziņš

medialuna

brokastu maizītes

pancito

maize

pan

tostermaize

tostada

cepumi

galletitas

sviests

manteca

biezpiens

cuajada

kūka

torta

ola

huevo

cepta ola

huevo frito

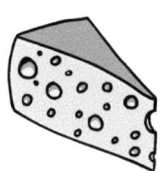

siers

queso

ēdiens - comida

saldējums
helado

cukurs
azúcar

medus
miel

marmelāde
mermelada

riekstu krēms
pasta de chocolate

karijs
curry

ēdiens - comida

zemnieku saimniecība
granja

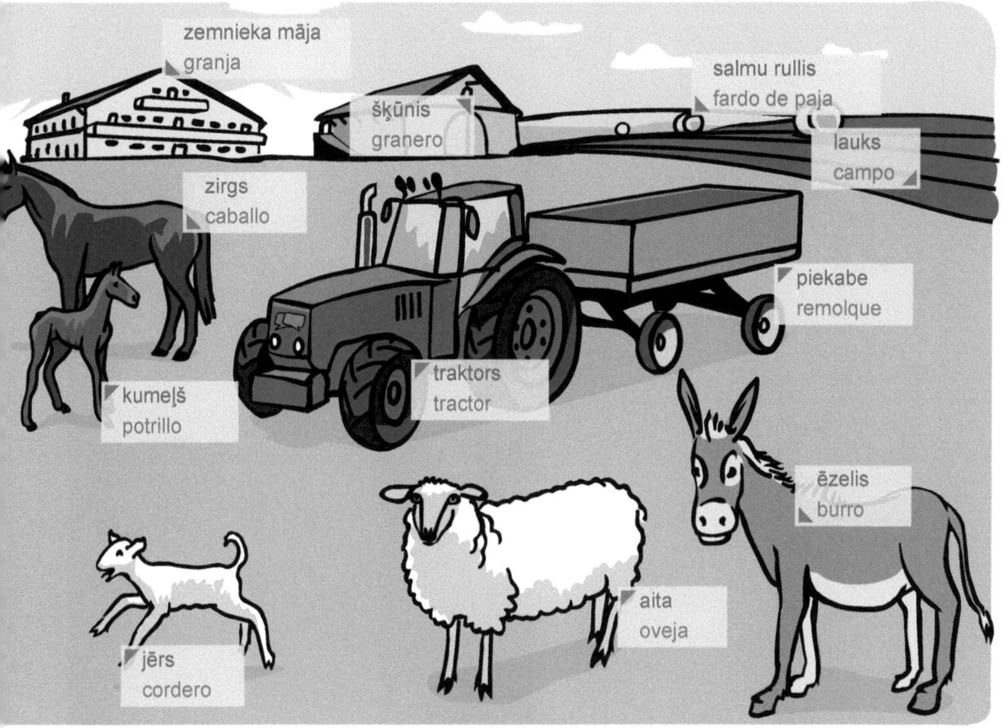
zemnieka māja
granja
šķūnis
granero
salmu rullis
fardo de paja
lauks
campo
zirgs
caballo
piekabe
remolque
kumeļš
potrillo
traktors
tractor
ēzelis
burro
aita
oveja
jērs
cordero

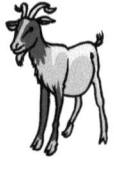

kaza

cabra

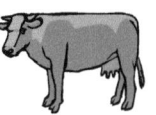

govs

vaca

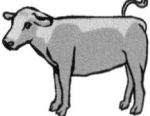

teļš

ternero

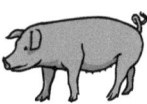

cūka

cerdo

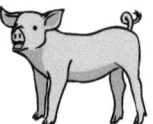

sivēns

lechón

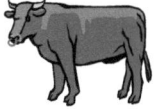

bullis

toro

zoss

ganso

pīle

pato

cālis

pollo

vista

gallina

gailis

gallo

žurka

rata

kaķis

gato

pele

ratón

vērsis

buey

suns

perro

suņa būda

cucha

dārza šļūtene

manguera

lejkanna

regadera

izkapts

guadaña

arkls

arado

sirpis
hoz

kaplis
azada

mēslu dakša
horquilla

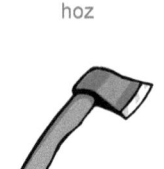

cirvis
hacha

ķerra
carretilla

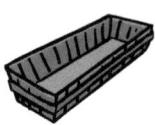

sile
abrevadero

piena kanna
lechera

maiss
bolsa

žogs
reja

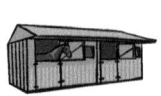

kūts
establo

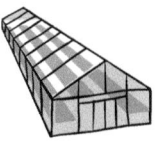

siltumnīca
invernadero

augsne
suelo

sēklas
semilla

mēslojums
fertilizador

kombains
cosechadora

novākt ražu

cosechar

raža

cosecha

jamss

batatas

kvieši

trigo

soja

soja

kartupelis

papa

kukurūza

maíz

rapsis

semilla de colza

augļu koks

árbol frutal

manioka

mandioca

labība

cereales

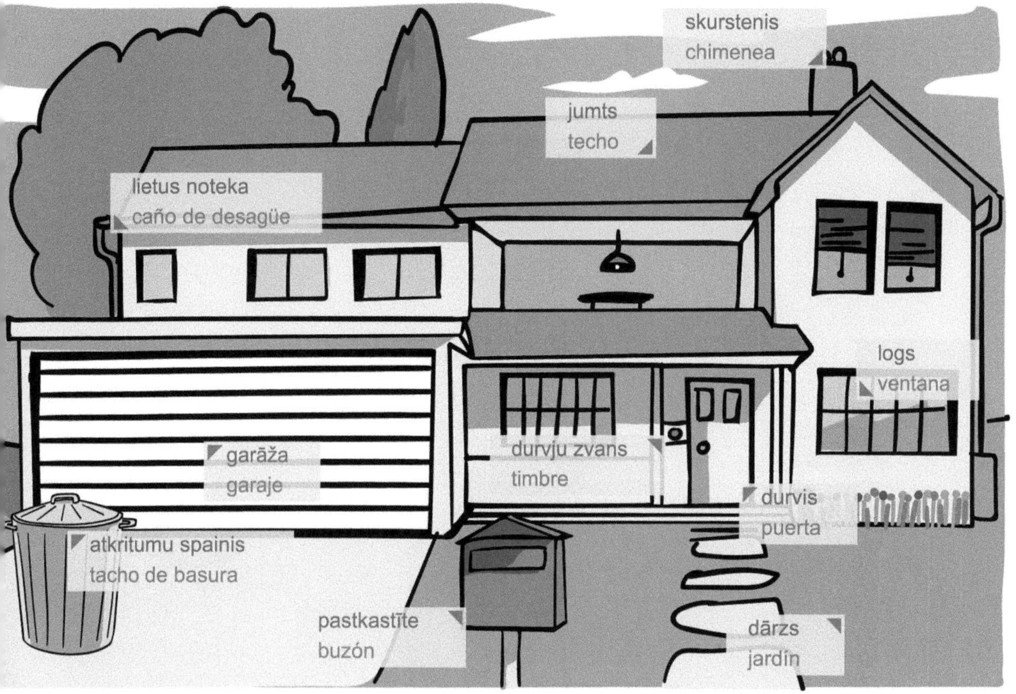

skurstenis
chimenea

jumts
techo

lietus noteka
caño de desagüe

logs
ventana

garāža
garaje

durvju zvans
timbre

durvis
puerta

atkritumu spainis
tacho de basura

pastkastīte
buzón

dārzs
jardín

viesistaba
living

vannas istaba
baño

virtuve
cocina

guļamistaba
dormitorio

bērnu istaba
cuarto de los chicos

ēdamistaba
comedor

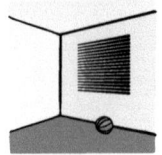

grīda

piso

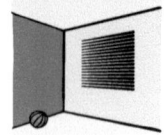

siena

pared

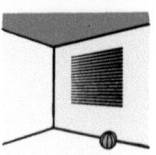

griesti

cielorraso

pagrabs

sótano

sauna

sauna

balkons

balcón

terase

terraza

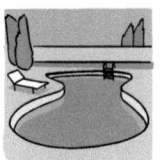

baseins

pileta

zāles pļāvējs

cortadora de pasto

gultas veļa

sábana

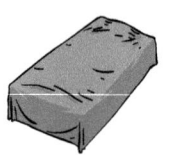

sega

acolchado

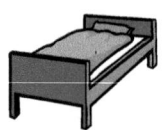

gulta

cama

slota

escoba

spainis

balde

slēdzis

interruptor

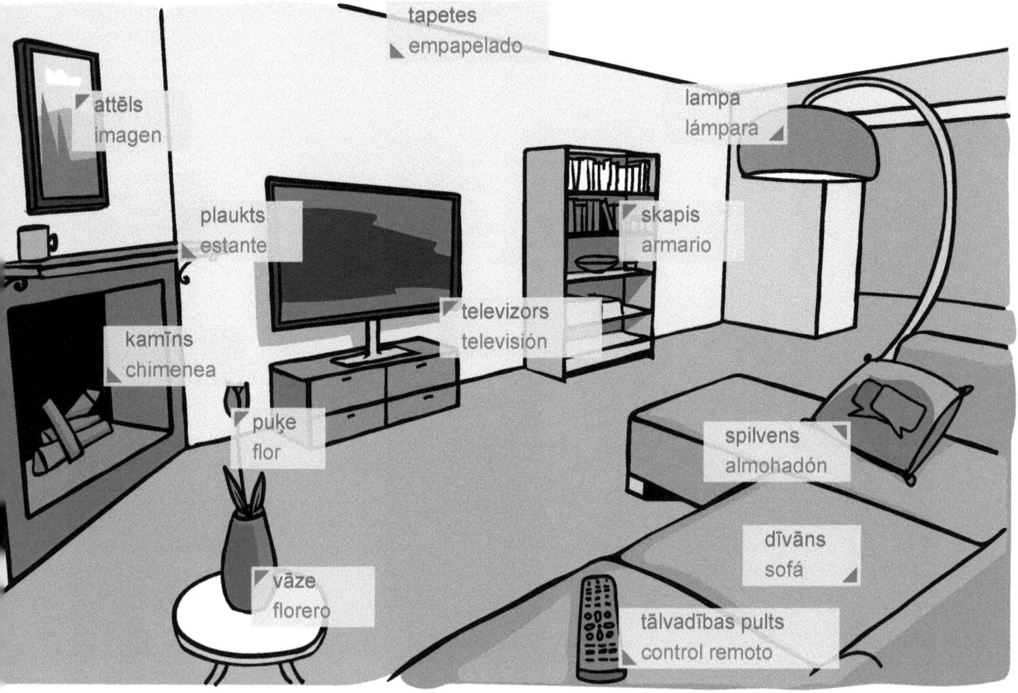

attēls
imagen

tapetes
empapelado

lampa
lámpara

plaukts
estante

skapis
armario

kamīns
chimenea

televizors
televisión

puķe
flor

spilvens
almohadón

dīvāns
sofá

vāze
florero

tālvadības pults
control remoto

paklājs
alfombra

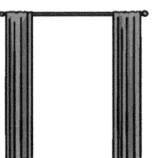

aizkars
cortina

galds
mesa

krēsls
silla

šūpuļkrēsls
mecedora

atpūtas krēsls
sillón

grāmata

libro

sega

frazada

dekorācija

decoración

malka

leña

filma

película

mūzikas centrs

equipo de música

atslēga

llave

avīze

diario

glezna

pintura

plakāts

póster

radio

radio

pierakstu blociņš

cuaderno

putekļu sūcējs

aspiradora

kaktuss

cactus

svece

vela

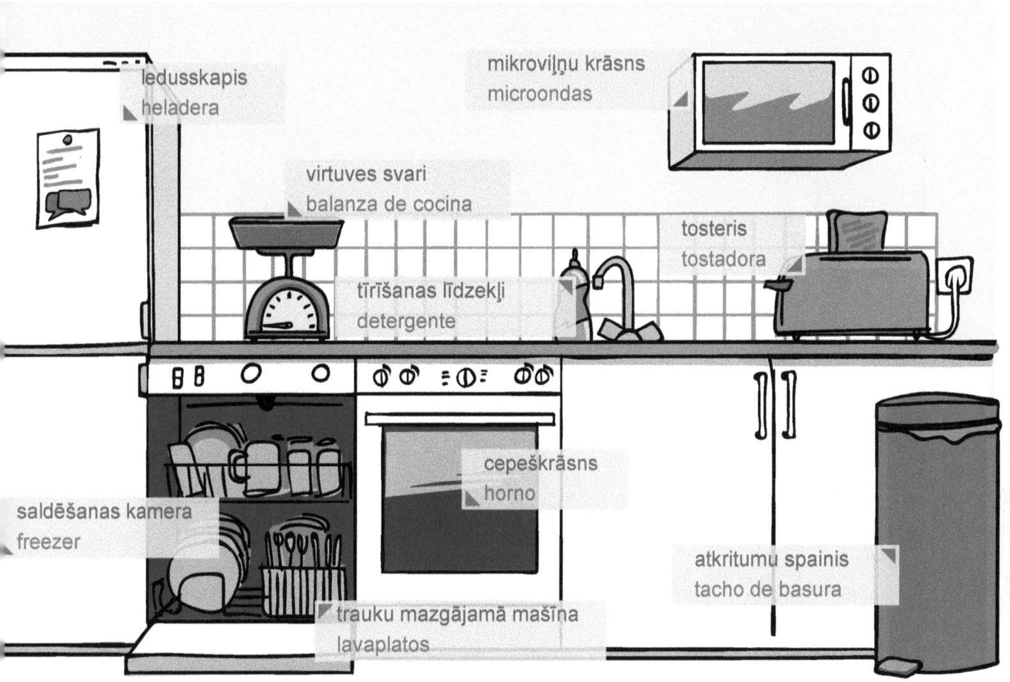

ledusskapis
heladera

mikroviļņu krāsns
microondas

virtuves svari
balanza de cocina

tīrīšanas līdzekļi
detergente

tosteris
tostadora

saldēšanas kamera
freezer

cepeškrāsns
horno

atkritumu spainis
tacho de basura

trauku mazgājamā mašīna
lavaplatos

plīts
cocina

pods
olla

katls
olla de hierro fundido

Wok panna
wok

panna
sartén

elektriskā tējkanna
pava

tvaika katls

vaporera

cepešpanna

bandeja de horno

trauki

vajilla

krūze

taza

bļoda

bol

irbulīši

palitos

kauss

cucharón

lāpstiņa

estpátula

putošanas slotiņa

batidora

sietiņš

colador

siets

colador

rīve

rallador

piesta

mortero

grilēt

parrilla

atklāts pavards

fogata

dēlis

tabla de picar

mīklas rullis

palo de amasar

korķu viļķis

sacacorchos

bundža

lata

konservu nazis

abrelatas

virtuves cimdi

manopla

izlietne

pileta

birste

cepillo

sūklis

esponja

mikseris

batidora

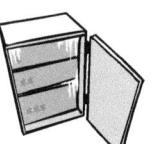

saldētava

congelador

bērna pudelīte

mamadera

ūdenskrāns

canilla

vannas istaba

baño

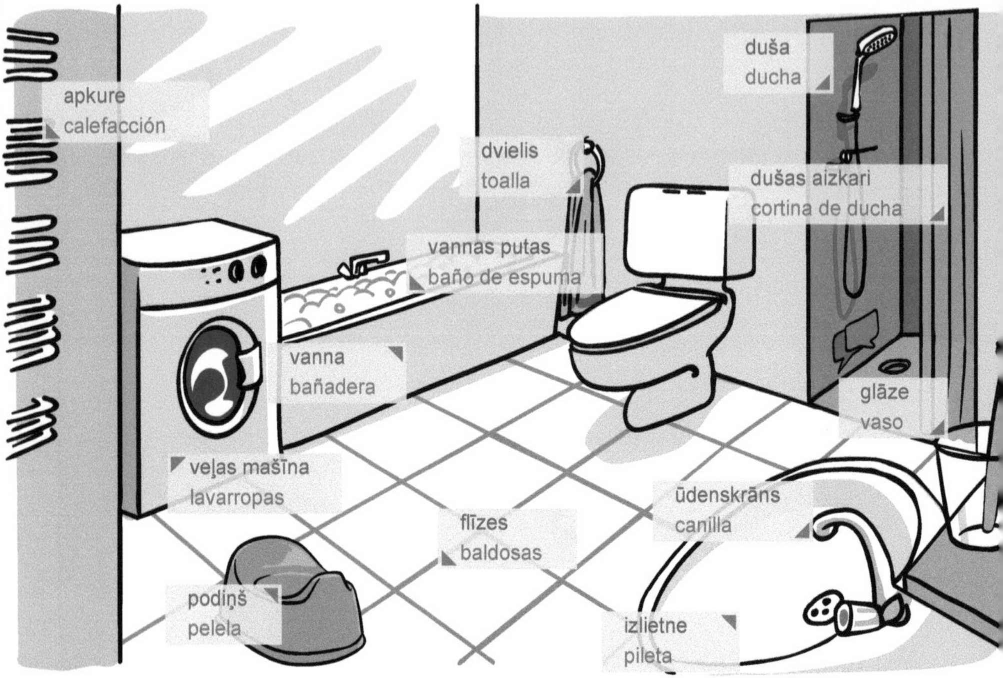

apkure
calefacción
duša
ducha
dvielis
toalla
dušas aizkari
cortina de ducha
vannas putas
baño de espuma
vanna
bañadera
glāze
vaso
veļas mašīna
lavarropas
ūdenskrāns
canilla
flīzes
baldosas
podiņš
pelela
izlietne
pileta

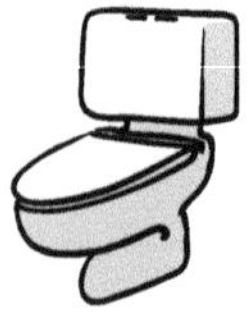

tualetes pods

inodoro

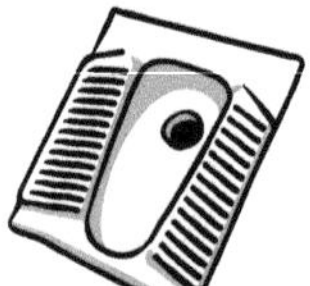

Āzijas tipa tualete

letrina

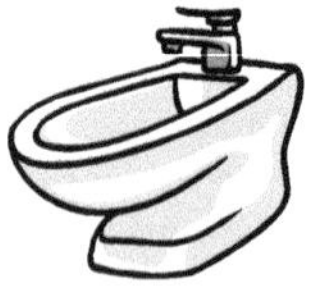

bidē

bidé

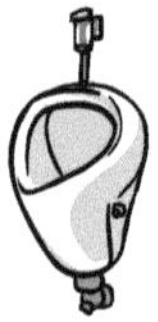

pisuārs

mingitorio

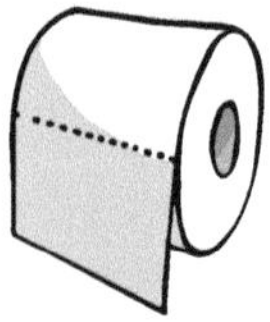

tualetes papīs

papel higiénico

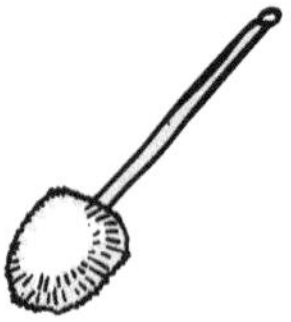

tualetes birste

cepillo para el inodoro

zobu birste

cepillo de dientes

zobu pasta

dentífrico

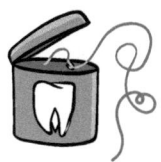

zobu diegs

hilo dental

mazgāt

lavar

rokas duša

ducha de mano

duša

ducha higiénica

bļoda

palangana

muguras mazgāšanas birste

cepillo para espalda

ziepes

jabón

dušas želeja

gel de ducha

šampūns

shampoo

mazgāšanas drāna

toallita

noteka

desagüe

krēms

crema

dezodorants

desodorante

spogulis

espejo

spogulītis

espejito

skuveklis

maquinita de afeitar

skūšanās putas

espuma de afeitar

losjons pēc skūšanās

aftershave

ķemme

peine

matu suka

cepillo

matu fēns

secador de pelo

matu laka

spray

grima komplekts

maquillaje

lūpu krāsa

lápiz de labios

nagulaka

esmalte para uñas

vate

algodón

šķērītes

tijera para uñas

smaržas

perfume

kosmētikas maks

portacosméticos

ķeblītis

banqueta

svari

balanza

halāts

bata

tīrīšanas cimdi

guantes de goma

tampons

tampón

pakete

toallita femenina

ķīmiskā tualete

baño químico

bērnu istaba

cuarto de los chicos

modinātājs
despertador
mīkstā rotaļlieta
peluche
spēļu automašīna
coche de juguete
grabulis
sonajero
leļļu māja
casa de muñecas
dāvana
regalo

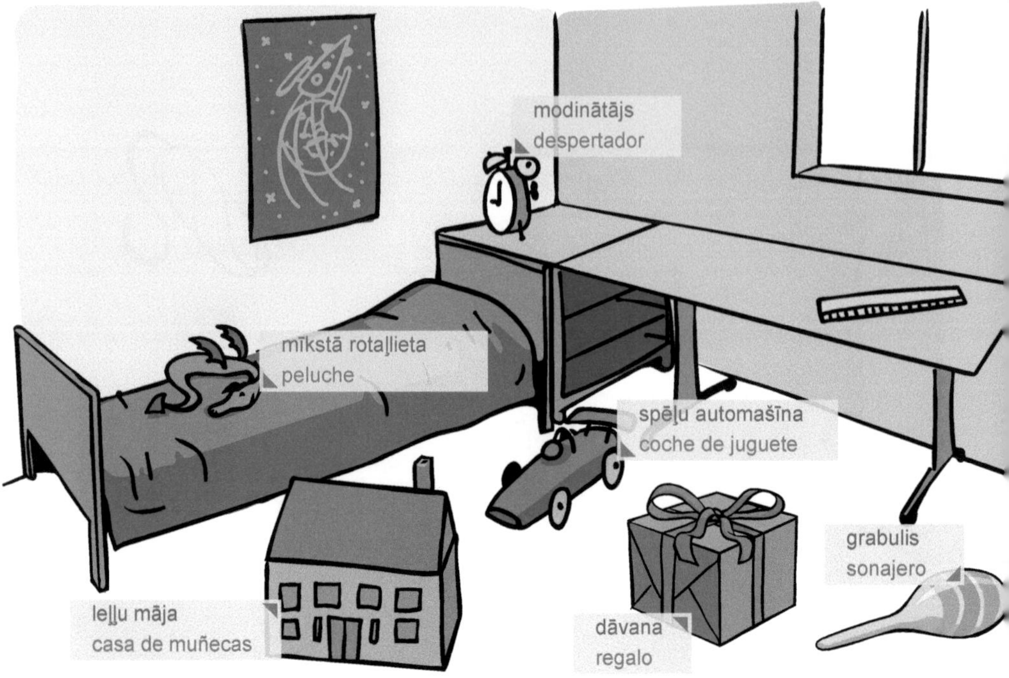

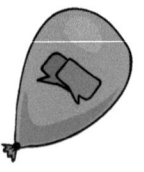

balons

globo

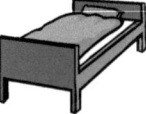

gulta

cama

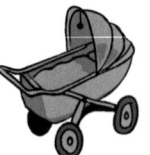

bērnu ratiņi

cochecito

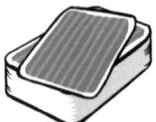

kārtis

cartas

puzle

rompecabezas

SUPER
MEGA

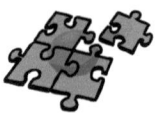

komikss

historieta

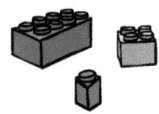

LEGO klucīši

piezas de lego

klucīši

ladrillos de juguete

varoņu figūra

figura de acción

rāpulītis

enterito (de bebé)

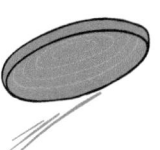

lidojošais šķīvītis

frisbee

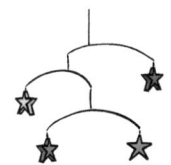

muzikālais karuselis

móvil para bebés

galda spēle

juego de mesa

metamais kauliņš

dados

rotaļu dzelzceļš

tren eléctrico

māneklis

chupete

ballīte

fiesta

bilžu grāmata

libro de cuentos ilustrado

bumba

pelota

lelle

muñeca

spēlēt

jugar

smilšu kaste

arenero

šūpoles

hamaca

rotaļlietas

juguetes

spēļu konsole

consola de videojuegos

trīsritenis

triciclo

plīša lācītis

osito de peluche

drēbju skapis

armario

apģērbs

ropa

īszeķes

medias

zeķes

medias panty

zeķbikses

calzas

šalle
bufanda

lietussargs
paraguas

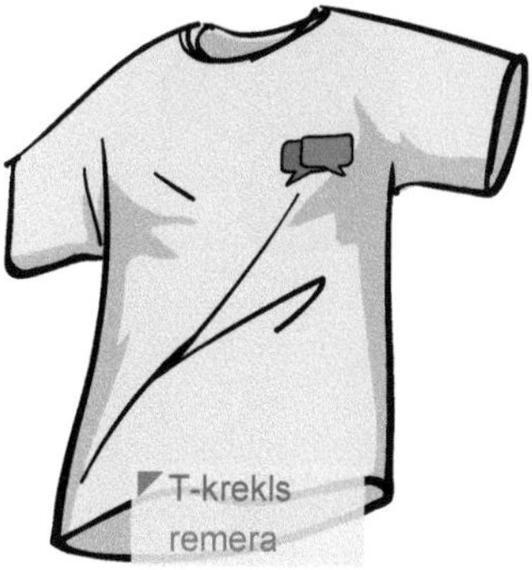

T-krekls
remera

siksna
cinturón

zābaks
botas

čības
pantuflas

botas
zapatillas

sandales
·················
sandalias

kurpes
·················
zapatos

gumijas zābaki
·················
botas de goma

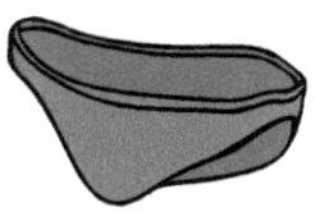

apakšbikses
·················
ropa interior

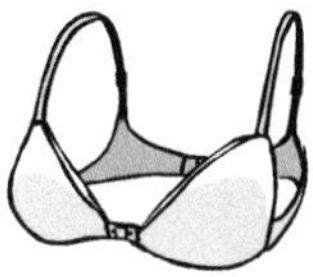

krūšturis
·················
corpiño

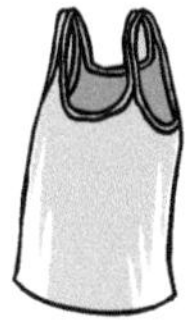

apakškrekls
·················
chaleco

bodijs

body

bikses

pantalones

džinsi

jeans

svārki

pollera

blūze

blusa

krekls

camisa

pulovers

pulóver

džemperis

buzo

žakete

blazer

jaka

campera

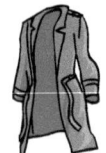

mētelis

tapado

lietus mētelis

piloto

kostīms

traje

kleita

vestido

kāzu kleita

vestido de novia

uzvalks
traje

naktskrekls
camisón

pidžama
pijama

sari
sari

lakats
pañuelo para cabeza

turbāns
turbante

burka
burka

kaftāns
caftán

abaja
abaya

peldkostīms
traje de baño

peldbikses
short de baño

šorti
shorts

treniņtērps
jogging

priekšauts
delantal

cimdi
guantes

poga
botón

brilles
anteojos

rokassprādze
pulsera

kaklarota
collar

gredzens
anillo

auskars
aro

cepure
gorra

drēbju pakaramais
percha

platmale
sombrero

kaklasaite
corbata

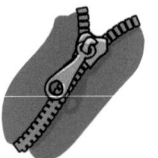

rāvējslēdzējs
cierre

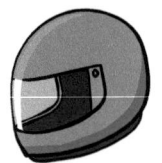

ķivere
casco

bikšturi
tiradores

skolas forma
uniforme escolar

uniforma
uniforme

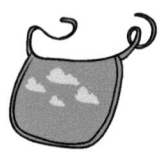

priekšautiņš

babero

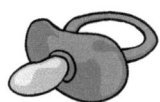

māneklis

chupete

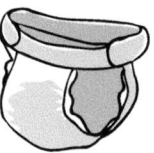

autiņbiksītes

pañal

birojs

oficina

serveris
servidor
dokumentu skapis
archivero
printeris
impresora
papīrs
papel
monitors
monitor
pele
mouse
rakstāmgalds
escritorio
dokumentu vāki
carpeta
klaviatūra
teclado
krēsls
silla
papīrgrozs
tacho (de basura)
dators
computadora

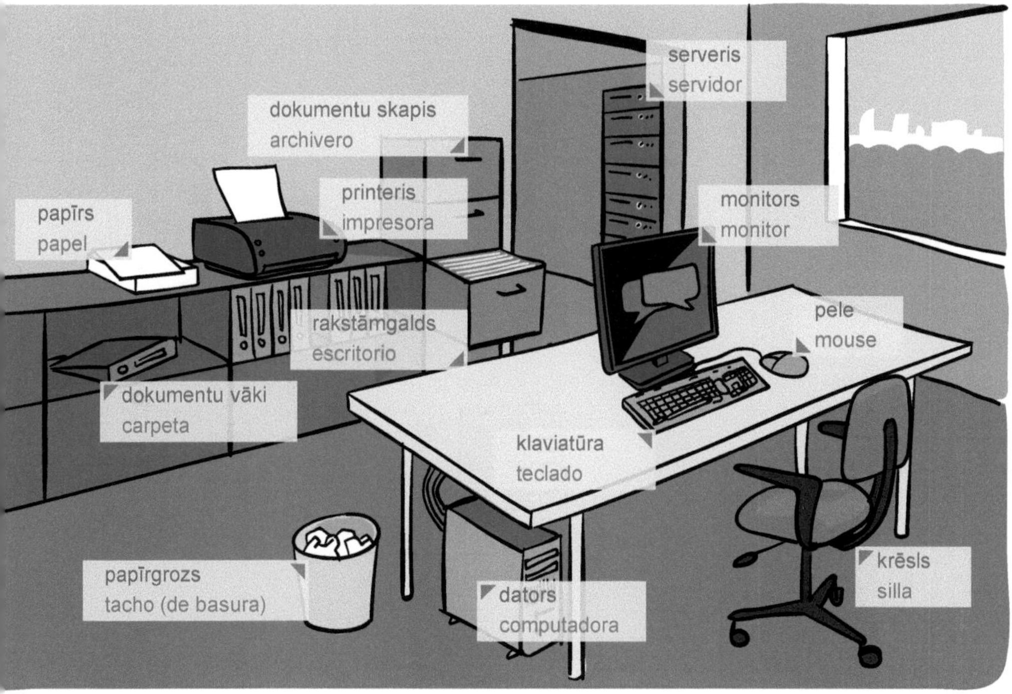

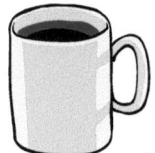

kafijas krūze

taza de café

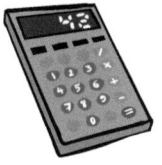

kalkulators

calculadora

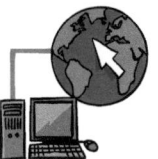

internets

internet

portatīvais dators

laptop

vēstule

carta

ziņa

mensaje

mobilais tālrunis

celular

tīkls

red

kopētājs

fotocopiadora

programmatūra

software

telefons

teléfono

rozete

tomacorriente

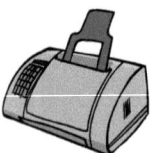

faksa aparāts

fax

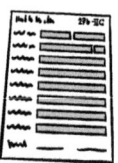

formulārs

formulario

dokuments

documento

ekonomika
economía

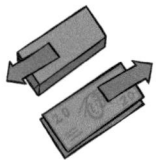

pirkt	samaksāt	tirgot
comprar	pagar	hacer negocios

  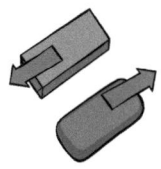

nauda	dolārs	eiro
dinero	dólar	euro

jēna	rublis	franks
yen	rublo	franco suizo

juaņa renminbi	rūpija	bankomāts
yuan	rupia	cajero automático

valūtas maiņas punkts

casa de cambio

zelts

oro

sudrabs

plata

nafta

petróleo

enerģija

energía

cena

precio

līgums

contrato

nodoklis

impuesto

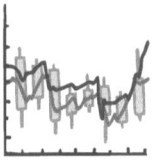

akcija

acción

strādāt

trabajar

darbinieks

empleado

darba devējs

empleador

fabrika

fábrica

veikals

negocio

ekonomika - economía

profesijas
ocupaciones

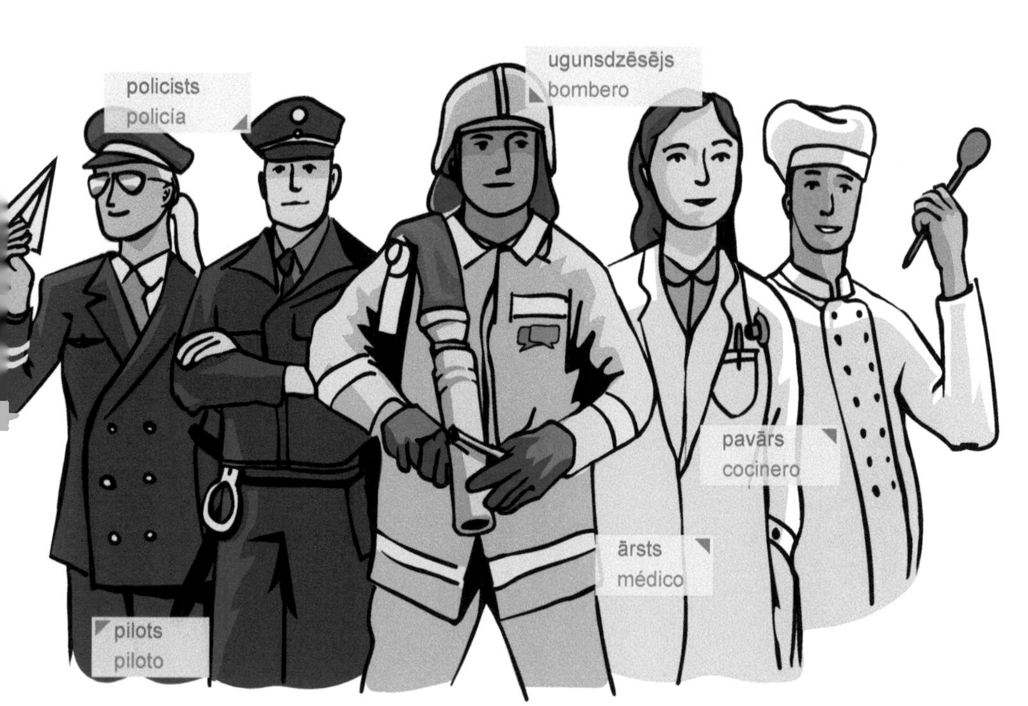

policists
policía
ugunsdzēsējs
bombero
pavārs
cocinero
ārsts
médico
pilots
piloto

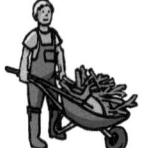

dārznieks

jardinero

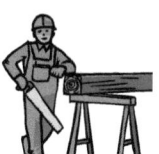

galdnieks

carpintero

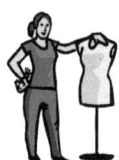

šuvēja

modista

tiesnesis

juez

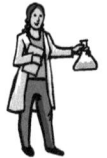

ķīmiķis

farmacéutico

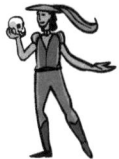

aktieris

actor

autobusa vadītājs

colectivero

taksometra vadītājs

taxista

zvejnieks

pescador

apkopēja

mucama

jumiķis

techista

viesmīlis

mozo

mednieks

cazador

gleznotājs

pintor

maiznieks

panadero

elektriķis

electricista

celtnieks

albañil

inženieris

ingeniero

miesnieks

carnicero

skārdnieks

plomero

pastnieks

cartero

karavīrs
soldado

arhitekts
arquitecto

kasieris
cajero

florists
florista

frizieris
peluquero

konduktors
cobrador

mehāniķis
mecánico

kapteinis
capitán

zobārsts
dentista

zinātnieks
científico

rabīns
rabino

imāms
imán

mūks
monje

mācītājs
sacerdote

instrumenti
herramientas

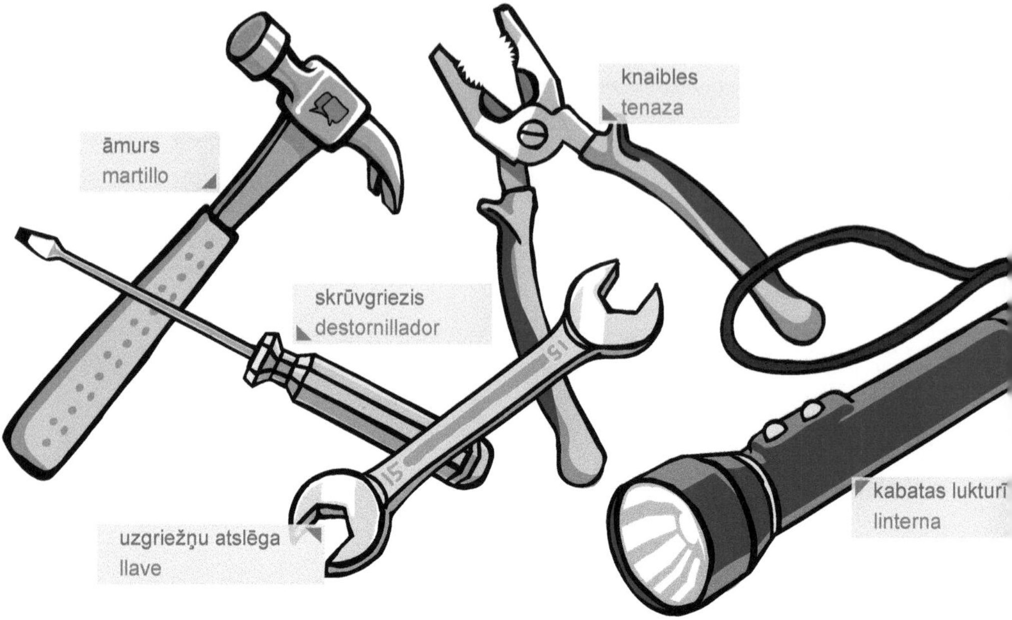

āmurs
martillo
knaibles
tenaza
skrūvgriezis
destornillador
uzgriežņu atslēga
llave
kabatas lukturī
linterna

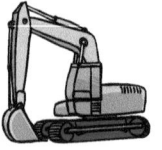

ekskavators

excavadora

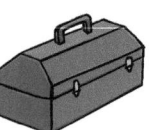

instrumentu kaste

caja de herramientas

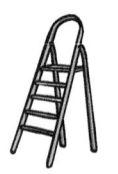

kāpnes

escalera portátil

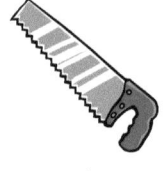

zāģis

sierra

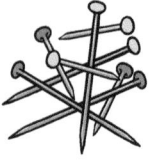

naglas

clavos

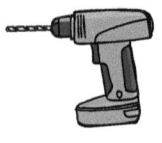

urbis

taladro

remontēt

arreglar

lāpsta

pala de jardín

Velns!

¡Qué bronca!

liekšķere

pala de plástico

krāsas bundža

tacho de pintura

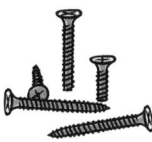

skrūves

tornillos

mūzikas instrumenti
instrumentos musicales

skaļrunis
parlante

bungas
batērija

ģitāra
guitarra

kontrabass
contrabajo

trompete
trompeta

klavieres

piano

vijole

violín

bass

bajo

timpāni

timbales

bungas

tambor

digitālās klavieres

teclado

saksofons

saxofón

flauta

flauta

mikrofons

micrófono

zooloģiskais dārzs

zoológico

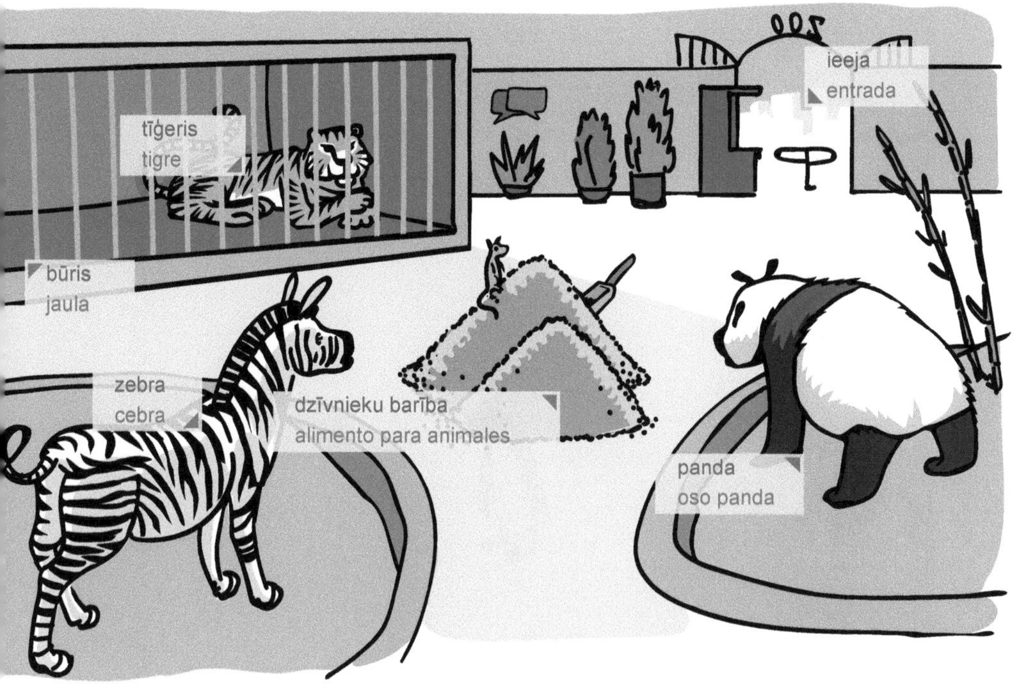

ieeja
entrada
tīģeris
tigre
būris
jaula
zebra
cebra
dzīvnieku barība
alimento para animales
panda
oso panda

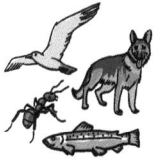

dzīvnieki

animales

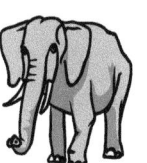

zilonis

elefante

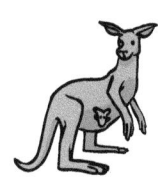

ķengurs

canguro

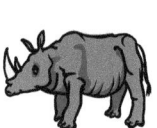

degunradzis

rinoceronte

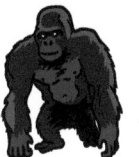

gorilla

gorila

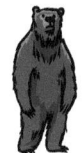

lācis

oso

kamielis

camello

strauss

avestruz

lauva

león

pērtiķis

mono

flamings

flamenco

papagailis

loro

polārlācis

oso polar

pingvīns

pingüino

haizivs

tiburón

pāvs

pavo real

čūska

serpiente

krokodils

cocodrilo

zoodārza sargs

cuidador del zoológico

ronis

foca

jaguārs

jaguar

ponijs

poni

leopards

leopardo

nīlzirgs

hipopótamo

žirafe

jirafa

ērglis

águila

meža cūka

jabalí

zivs

pescado

bruņurupucis

tortuga

valzirgs

morsa

lapsa

zorro

gazele

gacela

amerikāņu futbols
fútbol americano

riteņbraukšana
ciclismo

teniss
tenis

basketbols
básquet

peldēšana
natación

bokss
boxeo

hokejs
hockey sobre hielo

futbols
fútbol

badmintons
bádminton

vieglatlētika
atletismo

rokas bumba
handball

slēpošana
esquí

polo
polo

darbības
actividades

lēkt
saltar
apskaut
abrazar
smieties
reír
iet
caminar
dziedāt
cantar
sapņot
soñar
lūgt
rezar
skūpstīt
besar

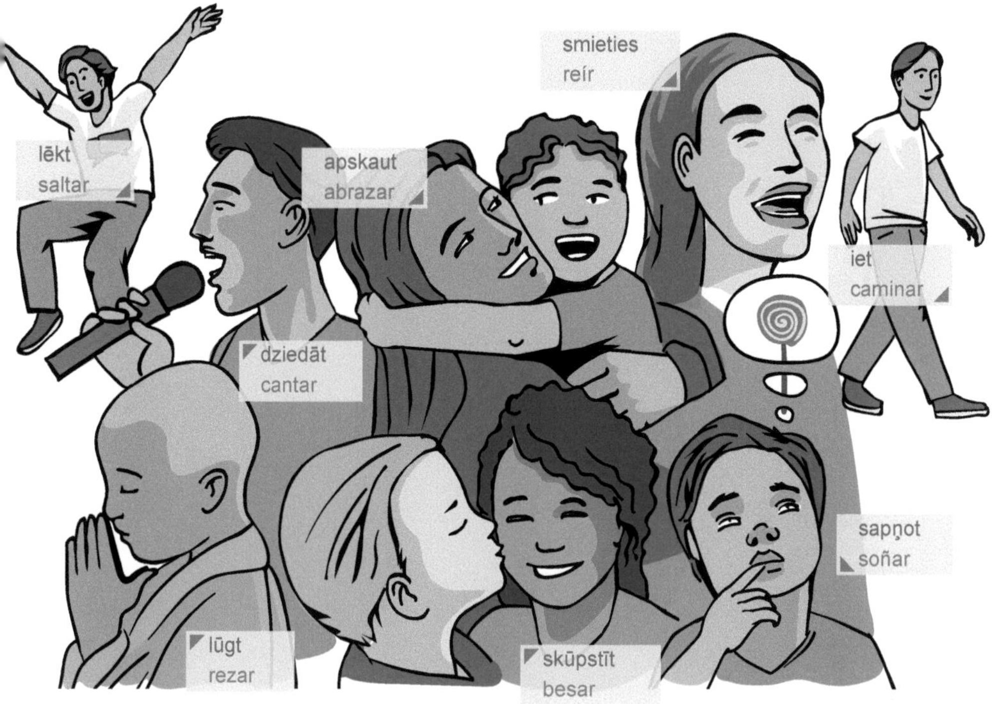

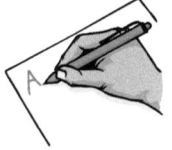

rakstīt

escribir

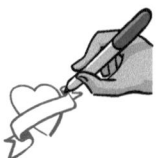

zīmēt

dibujar

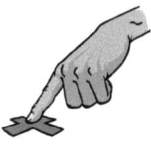

rādīt

mostrar

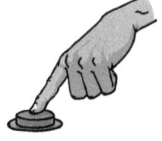

spiest

presionar

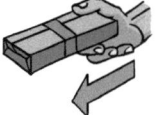

dot

dar

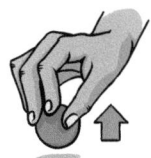

ņemt

tomar

būt

tener

darīt

hacer

būt

ser

stāvēt

estar parado

skriet

correr

vilkt

tirar

mest

tirar

krist

caer

gulēt

estar acostado

gaidīt

esperar

nest

llevar

sēdēt

estar sentado

uzģērbt

vestirse

gulēt

dormir

pamosties

despertar

skatīties

mirar

raudāt

llorar

glāstīt

acariciar

ķemmēt

peinar

runāt

hablar

saprast

entender

jautāt

preguntar

dzirdēt

escuchar

dzert

beber

ēst

comer

sakārtot

ordenar

mīlēt

amar

vārīt

cocinar

braukt

manejar

lidot

volar

burot

navegar

rēķināt

calcular

lasīt

leer

mācīties

aprender

strādāt

trabajar

precēties

casarse

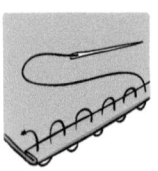

šūt

coser

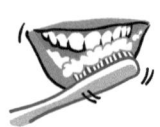

tīrīt zobus

cepillarse los dientes

nogalināt

matar

smēķēt

fumar

sūtīt

enviar

vecāmāte
abuela

vectēvs
abuelo

tēvs
padre

māte
madre

mazulis
bebé

meita
hija

dēls
hijo

viesis
invitado

tante
tía

onkulis
tío

brālis
hermano

māsa
hermana

ķermenis

cuerpo

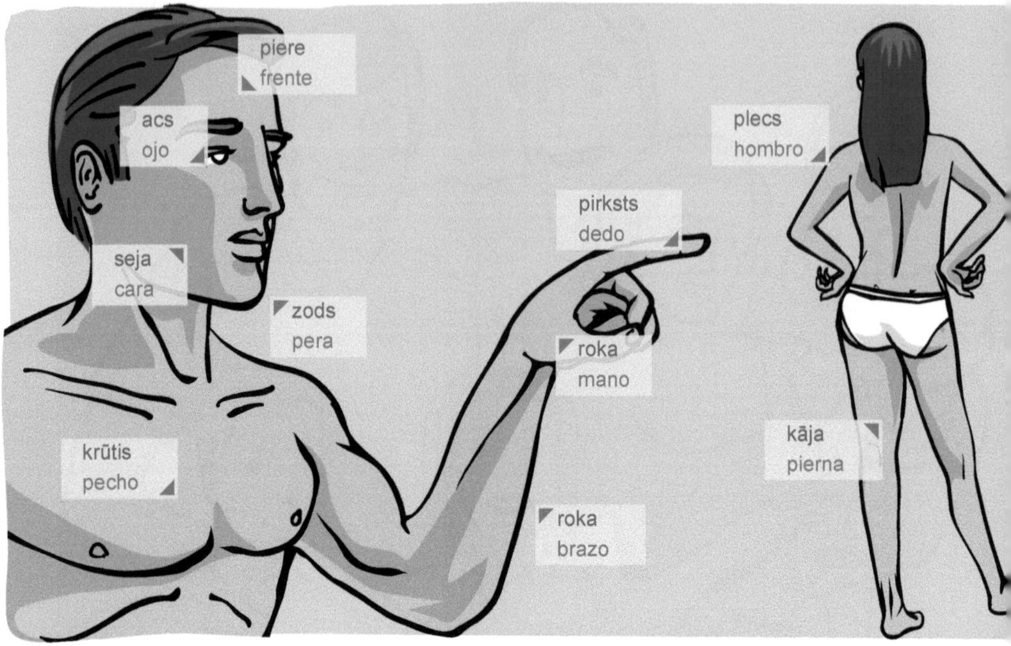
piere
frente
acs
ojo
seja
cara
zods
pera
krūtis
pecho
pirksts
dedo
roka
mano
roka
brazo
plecs
hombro
kāja
pierna

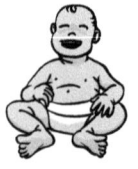

mazulis

bebé

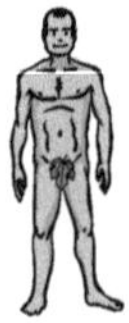

vīrietis

hombre

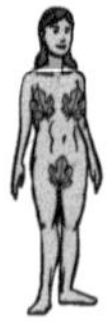

sieviete

mujer

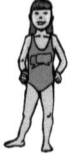

meitene

nena

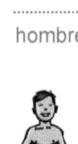

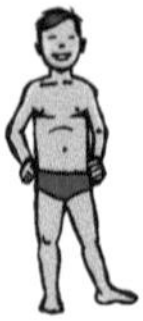

zēns

nene

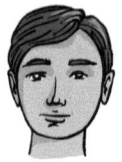

galva

cabeza

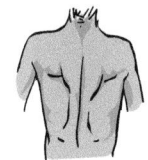

mugura

espalda

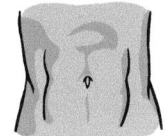

vēders

panza

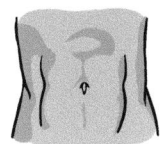

naba

ombligo

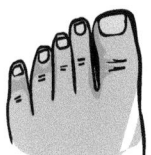

kājas pirksts

dedo del pie

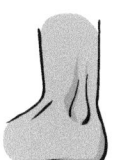

papēdis

talón

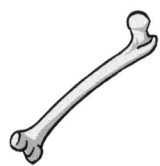

kauls

hueso

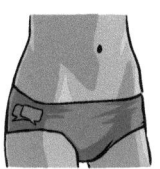

gurns

cadera

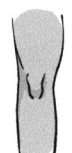

celis

rodilla

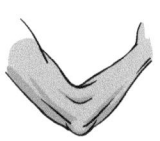

elkonis

codo

deguns

nariz

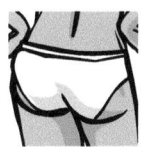

dibens

cola

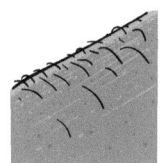

āda

piel

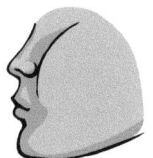

vaigs

cachete

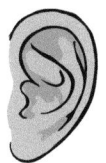

auss

oreja

lūpa

labio

ķermenis - cuerpo

69

mute
boca

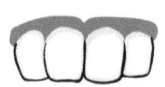

zobs
diente

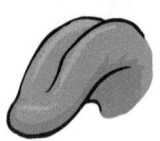

mēle
lengua

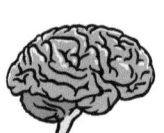

smadzenes
cerebro

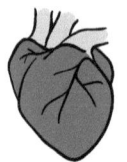

sirds
corazón

muskulis
músculo

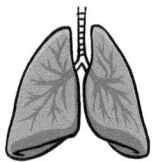

plaušas
pulmón

aknas
hígado

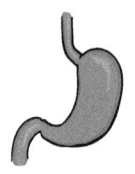

kuņģis
estómago

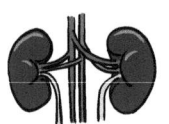

nieres
riñones

dzimumakts
sexo

kondoms
preservativo

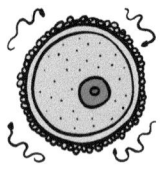

olšūna
óvulo

sperma
semen

grūtniecība
embarazo

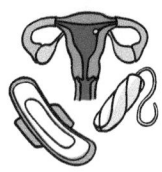

menstruācijas

menstruación

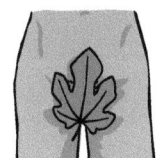

vagīna

vagina

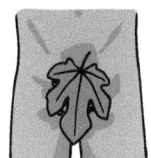

penis

pene

uzacs

ceja

mati

pelo

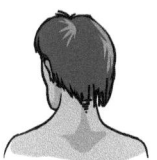

kakls

cuello

slimnīca
hospital

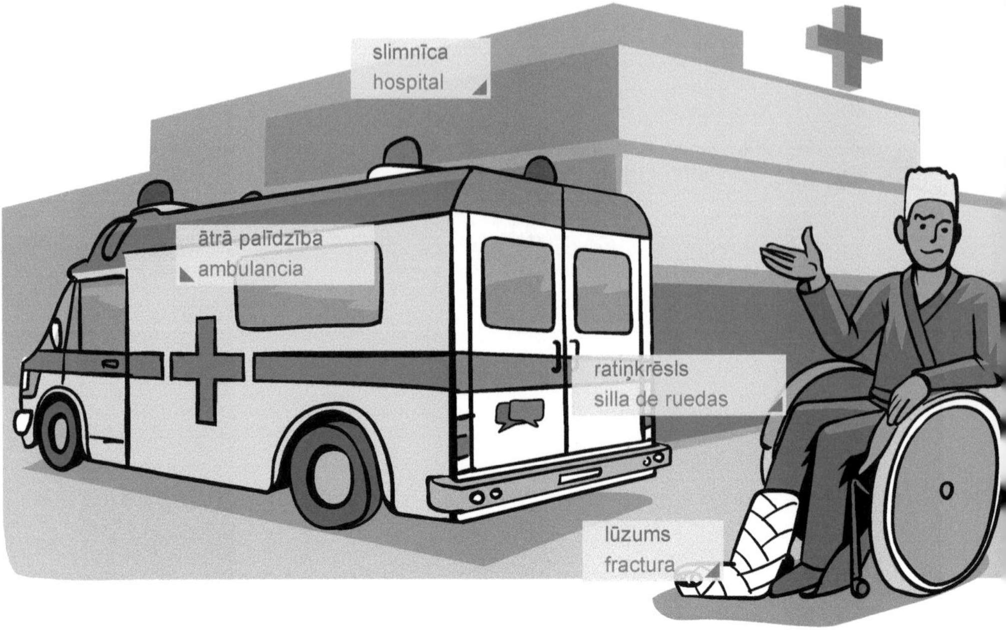

slimnīca
hospital
ātrā palīdzība
ambulancia
ratiņkrēsls
silla de ruedas
lūzums
fractura

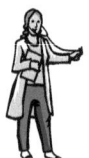

ārsts

médico

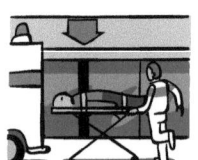

neatliekamās palīdzības nodaļa

sala de guardia

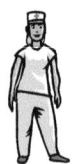

medmāsa

enfermera

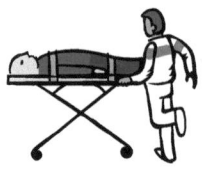

ārkārtas gadījums

emergencia

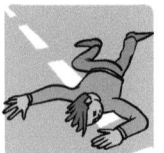

paģībis

inconsciente

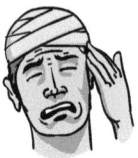

sāpes

dolor

ievainojums

lesión

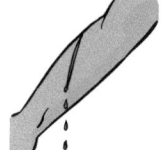

asiņošana

hemorragia

sirdslēkme

infarto

insults

ACV

alerģija

alergia

klepus

tos

temperatūra

fiebre

gripa

gripe

caureja

diarrea

galvassāpes

dolor de cabeza

vēzis

cáncer

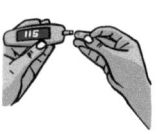

diabēts

diabetes

ķirurgs

cirujano

skalpelis

bisturí

operācija

operación

datortomogrāfija

TC

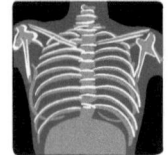

rentgents

rayos x

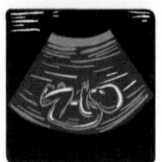

ultraskaņa

ecografía

sejas maska

barbijo

slimība

enfermedad

uzgaidāmā telpa

sala de espera

kruķis

muleta

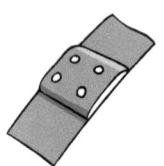

plāksteris

curita

apsējs

venda

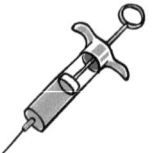

injekcija

inyección

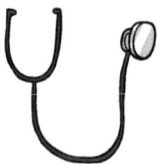

stetoskops

estetoscopio

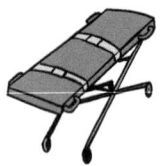

nestuves

camilla

termometrs

termómetro

dzemdības

nacimiento

liekais svars

sobrepeso

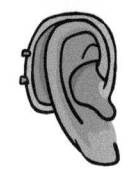

dzirdes aparāts

audífono

dezinfekcijas līdzeklis

desinfectante

infekcija

infección

vīruss

virus

HIV / AIDS

VIH / SIDA

zāles

remedio

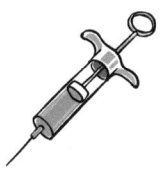

pote

vacunación

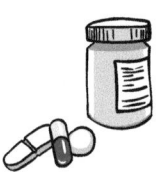

tabletes

comprimidos

pretapaugļošanās tablete

pastilla anticonceptiva

ārkārtas izsaukums

llamada de emergencia

asinsspiediena mērītājs

tensiómetro

slims / vesels

enfermo / sano

Palīgā!

¡Ayuda!

trauksme

alarma

uzbrukums

agresión

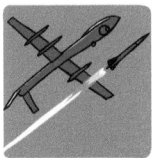

uzbrukums

ataque

bīstamība

peligro

avārijas izeja

salida de emergencia

Uguns!

¡Fuego!

ugunsdzēšamais aparāts

matafuego

negadījums

accidente

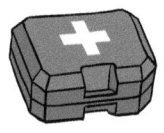

pirmās palīdzības aptieciņa

botiquín de primeros
auxilios

SOS

SOS

policija

policía

Eiropa

Europa

Ziemeļamerika

América del Norte

Dienvidamerika

América del Sur

Āfrika

África

Āzija

Asia

Austrālija

Australia

Atlantijas okeāns

Atlántico

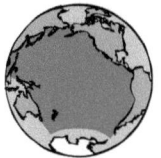

Klusais okeāns

Pacífico

Indijas okeāns

Océano Índico

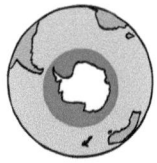

Dienvidu okeāns

Océano Antártico

Ziemeļu ledus okeāns

Océano Ártico

Ziemeļpols

polo norte

Dienvidpols

polo sur

Antarktika

Antártida

zeme

Tierra

zeme

tierra

jūra

mar

sala

isla

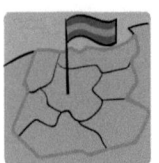

nācija

nación

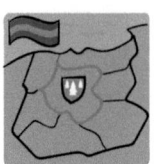

valsts

estado

ciparnīca

esfera

stundu rādītājs

manecilla de las horas

minūšu rādītājs

minutero

sekunžu rādītājs

segundero

Cik ir pulkstenis?

¿Qué hora es?

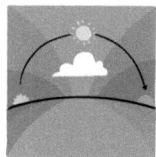

diena

día

laiks

hora

tagad

ahora

digitālais pulkstenis

reloj digital

minūte

minuto

stunda

hora

nedēļa
semana

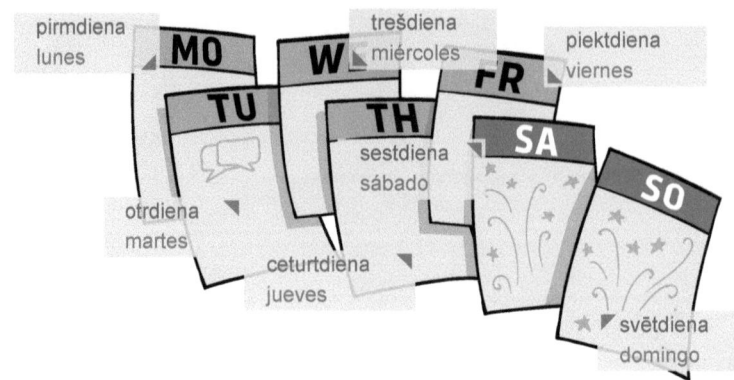

pirmdiena
lunes

trešdiena
miércoles

piektdiena
viernes

otrdiena
martes

sestdiena
sábado

ceturtdiena
jueves

svētdiena
domingo

vakardien

ayer

šodien

hoy

rītdien

mañana

rīts

mañana

pusdienlaiks

mediodía

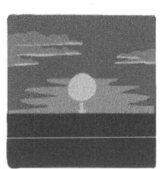

vakars

tarde

darbadienas

días hábiles

brīvdienas

fin de semana

varavīksne
arco iris

lietus
lluvia

sniegs
nieve

vējš
viento

pavasaris
primavera

rudens
otoño

vasara
verano

ziema
invierno

4.APRIL	11°	☀
5.APRIL	4°	☔
6.APRIL	13°	☁
7.APRIL	8°	☀
8.APRIL	10°	☀

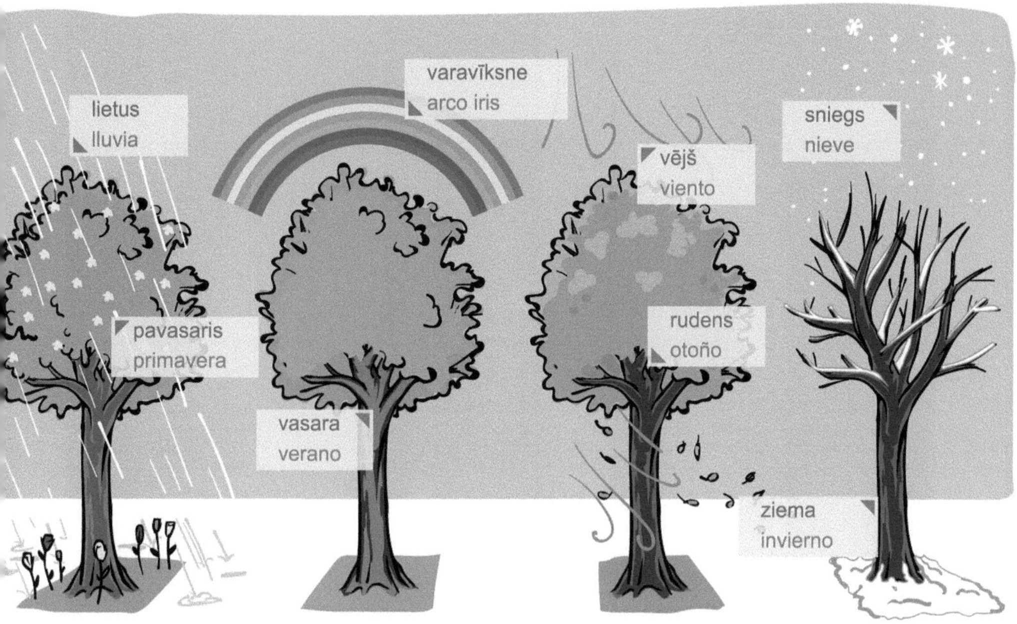

laika prognoze

pronóstico meteorológico

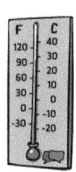

termometrs
termómetro

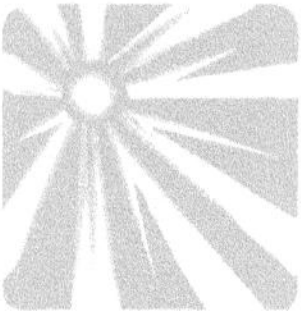

saules gaisma
luz del sol

mākonis
nube

migla
niebla

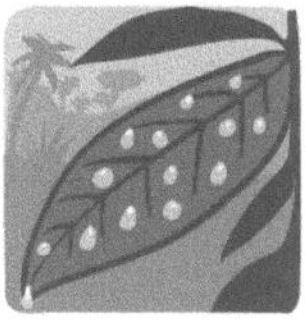

gaisa mitrums
humedad

zibens
rayo

pērkons
trueno

vētra
tormenta

krusa
granizo

musons
monzón

plūdi
inundación

ledus
hielo

janvāris
enero

februāris
febrero

marts
marzo

aprīlis
abril

maijs
mayo

jūnijs
junio

jūlijs
julio

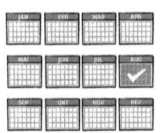

augusts
agosto

gads - año

septembris

septiembre

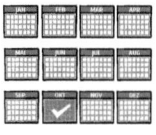

oktobris

octubre

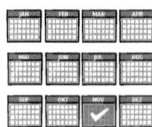

novembris

noviembre

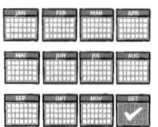

decembris

diciembre

formas

formas

aplis

círculo

kvadrāts

cuadrado

četrstūris

rectángulo

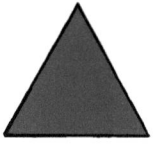

trīsstūris

triángulo

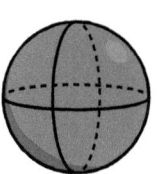

lode

esfera

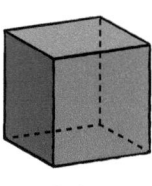

kubs

cubo

balts

blanco

dzeltens

amarillo

oranžs

naranja

sārts

rosa

sarkans

rojo

lillā

violeta

zils

azul

zaļš

verde

brūns

marrón

pelēks

gris

melns

negro

daudz / maz

mucho / poco

saniknots / miermīlīgs

enojado / tranquilo

skaists / neglīts

lindo / feo

sākums / beigas

principio / fin

liels / mazs

grande / chico

gaišs / tumšs

claro / oscuro

brālis / māsa

hermano / hermana

tīrs / netīrs

limpio / sucio

pilnīgs / nepilnīgs

completo / incompleto

diena / nakts

día / noche

miris / dzīvs

muerto / vivo

plats / šaurs

ancho / angosto

baudāms / nebaudāms

comestible / no comestible

nikns / laipns

malo / amable

satraukts / garlaikots

entusiasmado / aburrido

resns / tievs

gordo / flaco

pirmais /pēdējais

primero / último

draugs / ienaidnieks

amigo / enemigo

pilns / tukšs

lleno / vacío

ciets / mīksts

duro / blando

smags / viegls

pesado / liviano

izsalkums / slāpes

hambre / sed

slims / vesels

enfermo / sano

nelegāls / legāls

ilegal / legal

inteliģents / dumjš

inteligente / estúpido

kreisais / labais

izquierda / derecha

tuvu / tālu

cerca / lejos

pretstati - opuestos

jauns / lietots

nuevo / usado

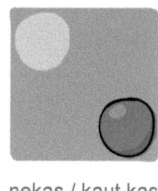

nekas / kaut kas

nada / algo

vecs / jauns

viejo / joven

ieslēgts / izslēgts

encendido / apagado

atvērts / slēgts

abierto / cerrado

kluss / skaļš

silencioso / ruidoso

bagāts / nabags

rico / pobre

pareizi / nepareizi

correcto / incorrecto

raupjš / gluds

áspero / suave

noskumis / laimīgs

triste / contento

īss / garš

corto / largo

lēns / ātrs

lento / rápido

slapjš / sauss

mojado / seco

silts / vēss

caliente / frío

karš / miers

guerra / paz

0	**1**	**2**
nulle	viens	divi
cero	uno	dos

3	**4**	**5**
trīs	četri	pieci
tres	cuatro	cinco

6	**7**	**8**
seši	septiņi	astoņi
seis	siete	ocho

9	**10**	**11**
deviņi	desmit	vienpadsmit
nueve	diez	once

12
divpadsmit
doce

13
trīspadsmit
trece

14
četrpadsmit
catorce

15
piecpadsmit
quince

16
sešpadsmit
dieciséis

17
septiņpadsmit
diecisiete

18
astoņpadsmit
dieciocho

19
deviņpadsmit
diecinueve

20
divdesmit
veinte

100
simts
cien

1.000
tūkstotis
mil

1.000.000
miljons
millón

anglu
inglés

amerikāņu anglu
inglés americano

ķīniešu mandarīnu valoda
chino mandarín

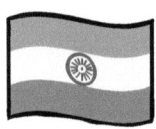

hindi
hindi

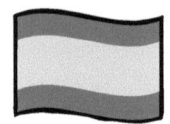

spāņu
español

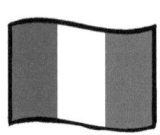

franču
francés

arābu
árabe

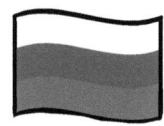

krievu
ruso

portugāļu
portugués

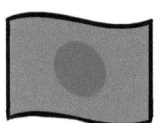

bengāļu
bengalí

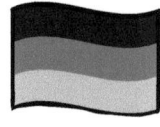

vācu
alemán

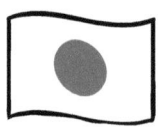

japāņu
japonés

es
yo

tu
vos

♂ ♀ ○

viņš / viņa
él / ella

mēs
nosotros

jūs
ustedes

viņi / viņas
ellos

kas?
¿quién?

ko?
¿qué?

kā?
¿cómo?

kur?
¿dónde?

kad?
¿cuándo?

HELLO, I AM

vārds
nombre

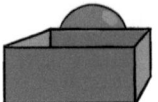

aiz

detrás

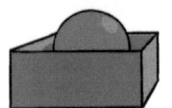

iekšā

en

priekšā

adelante de

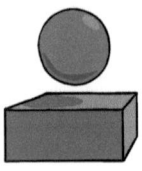

virs

por encima de

uz

sobre

zem

debajo de

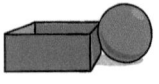

blakus

al lado de

starp

entre

vieta

lugar